Toto mwaka ni wii

Te korokaraki iroun Katenati Kaareti
Te korotaamnei iroun Jovan Carl Segura

Library For All Ltd.

MW00966517

E boutokaaki karaoan te boki aio i aan ana reitaki ae tamaaroa te Tautaeka ni Kiribati ma te Tautaeka n Aotiteeria rinanon te Bootaki n Reirei. E boboto te reitaki aio i aon katamaaroaan te reirei ibukiia ataein Kiribati ni kabane.

E boreetiaki te boki aio iroun te Library for All rinanon ana mwane ni buoka te Tautaeka n Aotiteeria.

Te Library for All bon te rabwata ae aki karekemwane mai Aotiteeria ao e boboto ana mwakuri i aon kataabangakan te ataibwai bwa e na kona n reke irouia aomata ni kabane. Noora libraryforall.org

Totokoan te mwaka ni wii

E moan boreetiaki 2022
E moan boreetiaki te katootoo aio n 2022

E boreetiaki iroun Library For All Ltd
Meeri: info@libraryforall.org
URL: libraryforall.org

E kariaiakaki te mwakuri aio i aan te Creative Commons Attribution-NonCommercial-No Derivatives 4.0 International License. E kona n nooraki katotoon te kariaia aio i aon http://creativecommons.org/licenses/by-nc-nd/4.0/.

Te korotaamnei iroun Jovan Carl Segura

Atuun te boki Totokoan te mwaka ni wii
Aran te tia korokaraki Kaareti, Katenati
ISBN: 978-1-922849-98-4
SKU02318

Totokoan te mwaka ni wii

A mwaiti aanga aika a kona ni kateimatoaa raoiroin wiim. Buratinakinakin te wii bon teuana te anga!

Buratina wiim ni
katoa bong.

Karekea uoua am tai n
burati n tebongina.
N te ingaabong ao te
tairiki i mwaain matuum.

Kauareerekea kanakin
te karewerewe.

Kaboonganaa te ran ae itiaki i mwiin kanakin te karewerewe n ruuruua wiim iai.

Tai tenai bwaai aika matoatoa bwa a kona n urua wiim, n aron te tiin, te biti ao a mwaiti riki.

Kakaonimaki tuoa
wiim ngkana iai ana
kaangaanga.

Reitaki nakon te tabo
ni wii n te oonnaoraki
ibukin kamaataataakim
ao buokam.

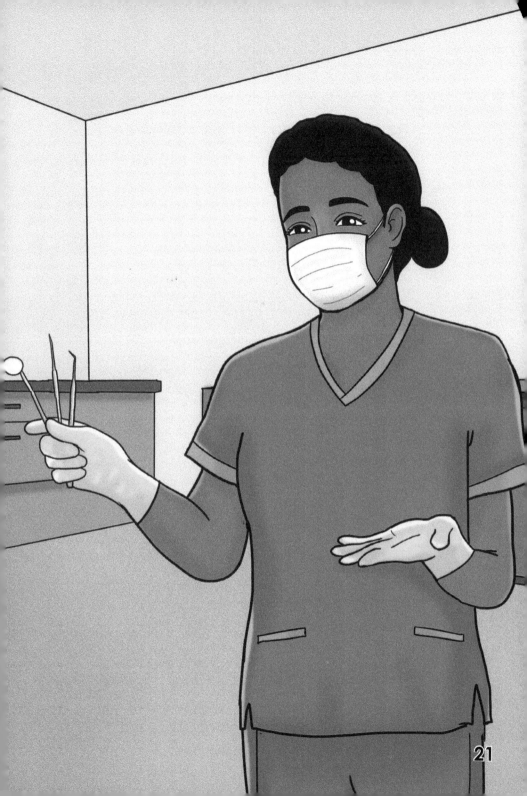

Ko kona ni kaboonganai titiraki aikai ni maroorooakina te boki aio ma am utuu, raoraom ao taan reirei.

 Teraa ae ko reiakinna man te boki aio?

 Kabwarabwaraa te boki aio.
E kaakamanga? E kakamaaku?
E kaunga? E kakaongoraa?

 Teraa am namakin i mwiin warekan te boki aio?

 Teraa maamaten nanom man te boki aei?

Karina ara burokuraem ni wareware
getlibraryforall.org

Rongorongoia taan ibuobuoki

E mmwammwakuri te Library For All ma taan korokaraki ao taan korotaamnei man aaba aika kakaokoro ibukin kamwaitan karaki aika raraoi ibukiia ataei.

Noora libraryforall.org ibukin rongorongo aika boou i aon ara kataneiai, kainibaaire ibukin karinan karaki ao rongorongo riki tabeua.

Ko kukurei n te boki aei?

Iai ara karaki aika a tia ni baarongaaki aika a kona n rineaki.

Ti mwakuri n ikarekebai ma taan korokaraki, taan kareirei, taan rabakau n te katei, te tautaeka ao ai rabwata aika aki irekereke ma te tautaeka n uarokoa kakukurein te wareware nakoia ataei n taabo ni kabane.

Ko ataia?

E rikirake ara ibuobuoki n te aonnaaba n itera aikai man irakin ana kouru te United Nations ibukin te Sustainable Development.

Kaboonganaa te karai ni kaitiakii iai wiim i mwiin am burati, bwa a aonga n nako nikiran amwarake aika a bae i marenan wiim.

Kana te amwarake ae baeranti bwa e aonga ni marurung rabwatam ao ngarom.